Ch. Baquoy sculp.

Satyre, tu ne le connois pas. *v. note. pag. 41.*

# DISCOURS

## QUI A REMPORTE' LE PRIX
## A L'ACADEMIE
## DE DIJON.

En l'année 1750.

Sur cette Question proposée par la même Académie :
Si le rétablissement des Sciences & des Arts a
contribué à épurer les mœurs.

PAR UN CITOYEN DE GENEVE.

*Barbarus hic ego sum quia non intelligor illis.* Ovid.

A GENEVE,

Chez BARILLOT & fils.

# PRÉFACE.

Voici une des grandes & des plus belles questions qui ayent jamais été agitées. Il ne s'agit point dans ce Discours de ces subtilités métaphysiques qui ont gagné toutes les parties de la Littérature, & dont les Programmes d'Académie ne sont pas toujours exemps ; mais il s'agit d'une de ces vérités qui tiennent au bonheur du genre humain.

Je prévois qu'on me pardonnera difficilement le parti que j'ai osé prendre. Heurtant de front tout ce qui fait aujourd'hui l'admiration des hommes, je ne puis m'attendre qu'à un blâme universel ; & ce n'est pas pour avoir été

honoré de l'approbation de quelques Sages, que je dois compter
ſur celle du Public : Auſſi mon
parti eſt-il pris ; je ne me ſoucie
de plaire ni aux Beaux-Eſprits, ni
aux Gens à la mode. Il y aura dans
tous les tems des hommes faits
pour être ſubjugués par les opi-
nions de leur ſiécle, de leur Pays,
de leur Société : Tel fait aujour-
d'hui l'Eſprit fort & le Philoſophe,
qui, par la même raiſon n'eût été
qu'un fanatique du tems de la Li-
gue. Il ne faut point écrire pour
de tels Lecteurs, quand on veut
vivre au-delà de ſon ſiécle.

Un mot encore , & je finis.
Comptant peu ſur l'honneur que
j'ai reçu, j'avois, depuis l'envoi,
refondu & augmenté ce Diſcours,
au point d'en faire, en quelque
maniére,

maniére, un autre Ouvrage ; aujourd'hui, je me suis cru obligé de le rétablir dans l'état où il a été couronné. J'y ai seulement jetté quelques notes & laissé deux additions faciles à reconnoître, & que l'Académie n'auroit peut-être pas approuvées. J'ai pensé que l'équité, le respect & la reconnoissance exigeoient de moi cet avertissement.

# DISCOURS.

---

*Decipimur specie recti.*

---

E rétablissement des Scien-
ces & des Arts a-t'il con-
tribué à épurer ou à cor-
rompre les Mœurs ? Voilà
ce qu'il s'agit d'examiner. Quel parti
dois-je prendre dans cette question ?
Celui, Messieurs, qui convient à un
honnête homme qui ne sait rien, & qui
ne s'en estime pas moins.

Il sera difficile, je le sens, d'appro-
prier ce que j'ai à dire au Tribunal où
je comparois. Comment oser blâmer

A

les Sciences devant une des plus sa-
vantes Compagnies de l'Europe, loüer
l'ignorance dans une célebre Académie, & concilier le mépris pour l'etude
avec le respect pour les vrais Savans ?
J'ai vu ces contrariétés ; & elles ne
m'ont point rebuté. Ce n'est point la
Science que je maltraite, me suis-je
dit ; c'est la Vertu que je défends devant des hommes vertueux. La probité est encore plus chére aux Gens-de-
bien, que l'érudition aux Doctes.
Qu'ai-je donc à redouter ? Les lumieres de l'Assemblée qui m'écoute ? Je
l'avoüe; mais c'est pour la constitution
du discours, & non pour le sentiment
de l'Orateur. Les Souverains équita-
bles n'ont jamais balancé à se condan-
ner eux-mêmes dans des discussions
douteuses; & la position la plus avan-
tageuse au bon droit, est d'avoir à se
défendre contre une Partie intégre &

éclairée, juge en sa propre cause.

A ce motif qui m'encourage, il s'en joint un autre qui me détermine : c'est qu'après avoir soutenu, selon ma lumiere naturelle, le parti de la vérité ; quel que soit mon succès, il est un Prix qui ne peut me manquer : Je le trouverai dans le fond de mon cœur.

## PREMIERE PARTIE.

C'Est un grand & beau spectacle de voir l'homme sortir en quelque maniere du néant par ses propres efforts ; dissiper, par les lumieres de sa raison, les ténébres dans lesquelles la nature l'avoit enveloppé ; s'élever au - dessus de soi-même ; s'élancer par l'esprit jusques dans les régions célestes ; parcourir à pas de Géant ainsi que le Soleil, la vaste étendue de l'Univers ; &, ce qui est encore plus grand & plus difficile, rentrer en foi pour y étudier l'homme & connoître fa nature, fes devoirs & fa fin. Toutes ces merveilles fe font renouvellées depuis peu de de Générations.

L'Europe étoit retombée dans la Barbarie des premiers âges. Les Peuples de cette Partie du Monde aujourd'hui fi éclairée vivoient, il y a quelques fiecles, dans un état pire que l'ignorance. Je ne fais quel jargon fcientifique, encore plus méprifable que l'ignorance avoit ufurpé le nom du favoir, & oppofoit à fon retour un obftacle prefque invincible. Il falloit une revolution pour ramener les hommes au fens commun ; elle vint enfin du côté d'où on l'auroit le moins attenduë. Ce fut le ftupide Mufulman, ce fut l'éternel fleau des Lettres qui les fit renaître parmi nous. La chute du Trône de Conftantin porta dans l'Italie les débris

de l'ancienne Grece. La France s'enri-
chit à son tour de ces précieuses dépouilles. Bientôt les sciences suivirent
les Lettres ; à l'Art d'écrire se joignit
l'Art de penser ; gradation qui paroît
étrange & qui n'est peut-être que trop
naturelle ; & l'on commença à sentir le
principal avantage du commerce des
muses, celui de rendre les hommes
plus sociables en leur inspirant le desir
de se plaire les uns aux autres par des
ouvrages dignes de leur approbation
mutuelle.

L'esprit a ses besoins, ainsi que le
corps. Ceux-ci sont les fondemens de
la société, les autres en font l'agré-
ment. Tandis que le Gouvernement &
les Loix pourvoient à la sûreté & au
bien-être des hommes assemblés ; les
Sciences, les Lettres & les Arts, moins
despotiques & plus puissans peut-être,
étendent des guirlandes de fleurs sur

les chaînes de fer dont ils font char-
gés, étouffent en eux le fentiment de
cette liberté originelle pour laquelle ils
fembloient être nés, leur font aimer
leur efclavage & en forment ce qu'on
appelle des Peuples policés. Le befoin
éleva les Trônes; les Sciences & les
Arts les ont affermis. Puiffances de la
Terre, aimez les talens, & protégez
ceux qui les cultivent *. Peuples policés, cultivez-les : Heureux efclaves,
vous leur devez ce goût délicat & fin
dont vous vous piquez ; cette douceur

* Les Princes voyent toujours avec plaifir le gout
des Arts agréables & des fuperfluités dont l'exporta-
tion de l'argent ne refulte pas, s'étendre parmi leurs
fujets. Car outre qu'ils les nourriffent ainfi dans cette
petiteffe d'âme fi propre à la fervitude, ils favent très-
bien que tous les befoins que le Peuple fe donne,
font autant de chaines dont il fe charge. Alexandre,
voulant maintenir les Ichtyophages dans fa dépen-
dance, les contraignit de renoncer à la pêche & de fe
nourrir des alimens communs aux autres Peuples; &
les Sauvages de l'Amérique qui vont tout nuds & qui
ne vivent que du produit de leur chaffe, n'ont jamais
pû être domptés. En effet, quel joug impoferoit-
on à des hommes qui n'ont befoin de rien ?

de caractere & cette urbanité de mœurs
qui rendent parmi vous le commerce
si liant & si facile ; en un mot, les ap-
parences de toutes les vertus sans en
avoir aucune.

C'est par cette sorte de politesse,
d'autant plus aimable qu'elle affecte
moins de se montrer, que se distin-
guerent autrefois Athénes & Rome
dans les jours si vantés de leur magni-
ficence & de leur éclat : c'est par elle,
sans doute, que notre siécle & notre
Nation l'emporteront sur tous les tems
& sur tous les Peuples. Un ton philo-
sophe sans pédanterie, des manieres
naturelles & pourtant prévenantes, éga-
lement éloignées de la rusticité Tudes-
que & de la Pantomime ultramontai-
ne : Voilà les fruits du goût acquis par
de bonnes études & perfectionné dans
le commerce du Monde.

Qu'il seroit doux de vivre parmi
A iiij

nous, fi la contenance extérieure étoit toûjours l'image des difpofitions du cœur ; fi la décence étoit la vertu ; fi nos maximes nous fervoient de régles ; fi la véritable Philofophie étoit inféparable du titre de Philofophe ! Mais tant de qualités vont trop rarement enfemble, & la vertu ne marche guéres en fi grande pompe. La richeffe de la parure peut annoncer un homme opulent, & fon élegance un homme de goût ; l'homme fain & robufte fe reconnoit à d'autres marques : c'eft fous l'habit ruftique d'un Laboureur, & non fous la dorure d'un Courtifan, qu'on trouvera la force & la vigueur du corps. La parure n'eft pas moins étrangére à la vertu qui eft la force & la vigueur de l'âme. L'homme de bien eft un Athléte qui fe plaît à combattre nud : Il méprife tous ces vils ornemens qui géneroient l'ufage de fes forces, &

dont la plus part n'ont été inventés que pour cacher quelque difformité.

Avant que l'Art eut façonné nos maniéres & appris à nos paſſions à parler un langage apprêté, nos mœurs étoient ruſtiques, mais naturelles; & la différence des procédés annonçoit au premier coup d'œil celle des caracteres. La nature humaine, au fond, n'étoit pas meilleure; mais les hommes trouvoient leur sécurité dans la facilité de ſe pénétrer reciproquement, & cet avantage, dont nous ne ſentons plus le prix, leur épargnoit bien des vices.

Aujourd'hui que des recherches plus ſubtiles & un goût plus fin ont réduit l'Art de plaire en principes, il régne dans nos mœurs une vile & trompeuſe uniformité, & tous les eſprits ſemblent avoir été jettés dans un même moule: ſans ceſſe la politeſſe exige, la bienféance ordonne: ſans ceſſe on ſuit des ufages, jamais fon propre génie. On n'ofe plus paroître ce qu'on eft ; & dans cette contrainte perpétuelle, les hommes qui forment ce troupeau qu'on appelle fociété, placés dans les mêmes circonftances, feront tous les mêmes chofes fi des motifs plus puiffans ne les en détournent. On ne faura donc jamais bien à qui l'on a affaire : il faudra donc, pour connoitre fon ami, attendre les grandes occafions, c'eft-à-dire, attendre qu'il n'en foit plus tems, puifque c'eft pour ces occafions mêmes qu'il eut été effentiel de le connoître.

Quel cortége de vices n'accompagnera point cette incertitude ? Plus d'amitiés finceres ; plus d'eftime réelle ; plus de confiance fondée. Les foupçons, les ombrages, les craintes, la froideur, la referve, la haine, la trahifon fe cacheront fans ceffe fous ce voile uniforme & perfide de politeſſe, ſous cette urbanité ſi vantée que nous devons aux lumieres de notre ſiécle. On ne profanera plus par des juremens le nom du Maître de l'Univers, mais on l'inſultera par des blaſphêmes, ſans que nos oreilles ſcrupuleuſes en ſoient offenſées. On ne vantera pas ſon propre mérite, mais on rabaiſſera celui d'autrui. On n'outragera point groſſiérement ſon ennemi, mais on le calomniera avec adreſſe. Les haines nationnales s'éteindront, mais ce ſera avec l'amour de la Patrie. A l'ignorance mépriſée, on ſubſtituera un dangereux Pyrrhoniſme. Il y aura des excès proſcrits, des vices deshonorés, mais d'autres feront décorés du nom de vertus; il faudra ou les avoir ou les affecter. Vantera qui voudra la ſobrieté des Sages du tems, je n'y vois, pour moi, qu'un rafinement d'intemperance au-

tant indigne de mon éloge que leur ar-
tificieuſe ſimplicité *.

Telle eſt la pureté que nos mœurs
ont acquiſe. C'eſt ainſi que nous ſom-
mes devenus Gens de biens. C'eſt aux
Lettres, aux Sciences & aux Arts à re-
vendiquer ce qui leur appartient dans
un ſi ſalutaire ouvrage. J'ajoûterai ſeulement une réflexion; c'eſt qu'un Ha-
bitant de quelques contrées éloignées
qui chercheroit à ſe former une idée
des mœurs Européennes ſur l'état des
Sciences parmi nous, ſur la perfection
de nos Arts, ſur la bienſéance de nos
Spectacles, ſur la politeſſe de nos manieres, ſur l'affabilité de nos diſcours,
ſur nos démonſtrations perpétuelles de
bienveillance, & ſur ce concours tu-

---

* *J'aime*, dit Montagne, *à conteſter & diſcourir,
mais c'eſt avec peu d'hommes & pour moi. Car de ſer-
vir de Spectacle aux Grands & faire à l'envi parade de
ſon eſprit & de ſon caquet, je trouve que c'eſt un métier
très méſéant à un homme d'honneur.* C'eſt celui de
tous nos beaux-eſprits, hors un.

multueux d'hommes de tout âge & de tout état qui semblent empressés depuis le lever de l'Aurore jusqu'au coucher du Soleil à s'obliger réciproquement; c'est que cet Etranger, dis-je, devineroit exactement de nos mœurs le contraire de ce qu'elles sont.

Où il n'y a nul effet, il n'y a point de cause à chercher : mais ici l'effet est certain, la dépravation réelle, & nos ames se sont corrompuës a mesure que que nos Sciences & nos Arts se sont avancés à la perfection. Dira-t-on que c'est un malheur particulier à nôtre âge ? Non, Messieurs; les maux causés par notre vaine curiosité sont aussi vieux que le monde. L'élévation & l'abbaissement journalier des eaux de l'Ocean n'ont pas été plus régulierement assujetis au cours de l'Astre qui nous éclaire durant la nuit, que le sort des mœurs & de la probité au progrès des Scien-

ces & des Arts. On a vu la vertu s'en-
fuir à mesure que leur lumiere s'élevoit
sur notre horizon , & le même phéno-
méne s'est observé dans tous les tems &
dans tous les lieux.

Voyez l'Egypte , cette premiere
école de l'Univers, ce climat si fertile
sous un ciel d'airain , cette contrée célébre , d'où Sesostris partit autrefois
pour conquerir le Monde. Elle devient
la mere de la Philosophie & des beaux
Arts , & bien-tôt après , la conquête de
Cambise , puis celle des Grecs , des
Romains , des Arabes , & enfin des
Turcs.

Voyez la Grece , jadis peuplée de
Heros qui vainquirent deux fois l'Asie ,
l'une devant Troye & l'autre dans leurs
propres foyers. Les Lettres naissantes
n'avoient point porté encore la corruption dans les cœurs de ses Habitans ;
mais le progrès des Arts, la dissolution

dés mœurs & le joug du Macedonien se suivirent de près ; & la Gréce, toujours savante, toujours voluptueuse, & toujours esclave n'éprouva plus dans ses révolutions que des changemens de maîtres. Toute l'éloquence de Démosthéne ne put jamais ranimer un corps que le luxe & les Arts avoient enervé.

C'est au tems des Ennius & des Térences que Rome, fondée par un Pâtre, & illustrée par des Laboureurs, commence à dégénérer. Mais après les Ovides, les Catulles, les Martials, & cette foule d'Auteurs obscénes, dont les noms seuls allarment la pudeur, Rome, jadis le Temple de la Vertu, devient le Theâtre du crime, l'opprobre des Nations & le joüet des barbares. Cette Capitale du Monde tombe enfin sous le joug qu'elle avoit imposé à tant de Peuples, & le jour de sa chute fut la veille de celui où l'on donna à l'un de ses Citoyens le titre d'Arbitre du bon goût.

Que dirai-je de cette Métropole de l'Empire d'Orient, qui par sa posi-tion, sembloit devoir l'être du Monde entier, de cet azile des Sciences & des Arts proscrits du reste de l'Euro-pe, plus peut-être par sagesse que par barbarie. Tout ce que la débauche & la corruption ont de plus honteux; les trahisons, les assassinats & les poisons de plus noir; le concours de tous les crimes de plus atroce; voilà ce qui forme le tissu de l'Histoire de Constan-tinople; voilà la source pure d'où nous sont émanées les Lumieres dont notre siécle se glorifie.

Mais pourquoi chercher dans des tems reculés des preuves d'une vérité dont nous avons sous nos yeux des té-moignages subsistans. Il est en Asie une contrée immense où les Lettres hono-
rées

rées conduisent aux prémiéres dignités
de l'Etat. Si les Sciences épuroient les
mœurs, si elles apprenoient aux hommes à verser leur sang pour la Patrie,
si elles animoient le courage ; les Peuples de la Chine devroient être sages,
libres & invincibles. Mais s'il n'y a
point de vice qui ne les domine point
de crime qui ne leur soit familier ; si les
lumieres des Ministres, ni la préten-
due sagesse des Loix, ni la multitude
des Habitans de ce vaste Empire n'ont
pu le garantir du joug du Tartare igno-
rant & grossier, dequoi lui ont servi
tous ses Savans ? Quel fruit a-t-il retiré
des honneurs dont ils sont comblés ? se-
roit-ce d'être peuplé d'esclaves & de
méchans.

Opposons à ces tableaux celui des
mœurs du petit nombre de Peuples qui,
préservés de cette contagion des vaines

B

connoiſſances ont par leurs vertus fait leur propre bonheur & l'exemple des autres Nations. Tels furent les premiers Perſes, Nation ſinguliere chez laquelle on apprenoit la vertu comme chez nous on apprend la Science; qui ſubjugua l'Aſie avec tant de facilité, & qui ſeule a eu cette gloire que l'hiſtoire de ſes inſtitutions ait paſſé pour un Roman de Philoſophie : Tels furent les Scithes, dont on nous a laiſſé de ſi magnifiques éloges : Tels les Germains, dont une plume, laſſe de tracer les crimes & les noirceurs d'un Peuple inſtruit, opulent & voluptueux, ſe ſoulageoit à peindre la ſimplicité, l'innocence & les vertus. Telle avoit été Rome même dans les tems de ſa pauvreté & de ſon ignorance. Telle enfin s'eſt montrée juſqu'à nos jours cette nation ruſtique ſi vantée pour ſon cou-

rage que l'adverſité n'a pu abbatre, &
pour ſa fidelité que l'exemple n'a pu
corrompre. *

Ce n'eſt point par ſtupidité que
ceux-ci ont préféré d'autres exercices
à ceux de l'eſprit. Ils n'ignoroient pas
que dans d'autres contrées des hommes oiſifs paſſoient leur vie à diſputer
ſur le ſouverain bien , ſur le vice &
ſur la vertu , & que d'orgueilleux rai-
ſonneurs , ſe donnant à eux-mêmes les
plus grands éloges , confondoient les
autres Peuples ſous le nom mepriſant
de barbares ; mais ils ont conſidéré leurs

* Je n'oſe parler de ces Nations heureuſes qui ne
connoiſſent pas même de nom les vices que nous
avons tant de peine à réprimer, de ces ſauvages de
l'Amerique dont Montagne ne balance point à préfé-
rer la ſimple & naturelle police, non-ſeulement aux
Loix de Platon, mais même à tout ce que la Philoſophie pourra jamais imaginer de plus parfait pour
le gouvernement des Peuples. Il en cite quantité
d'exemples frappans pour qui les ſauroit admirer : Mais
quoi ! dit-il, ils ne portent point de chauſſes !

mœurs & appris à dédaigner leur doctrine. *

Oublierois-je que ce fut dans le sein
même de la Gréce qu'on vit s'élever
cette Cité aussi célebre par son heureuse ignorance que par la sagesse de ses
Loix, cette République de demi-
Dieux plutôt que d'hommes? tant leurs
vertus sembloient supérieures à l'humanité. O Sparte! opprobre éternel
d'une vaine doctrine! Tandis que les
vices conduits par les beaux Arts s'in-
troduisoient ensemble dans Athénes,

---

* De bonne foi, qu'on me dise quelle opinion les
Atheniens mêmes devoient avoir de l'éloquence, quand
ils l'écarterent avec tant de soin de ce Tribunal intégre des Jugemens duquel les Dieux mêmes n'appel-
loient pas? Que pensoient les Romains de la méde-
cine, quand ils la bannirent de leur République? Et
quand un reste d'humanité porta les Espagnols à inter-
dire à leurs Gens de-Loi l'entrée de l'Amerique,
quelle idée falloit-il qu'ils eussent de la Jurisprudence?
Ne diroit-on pas qu'ils ont cru réparer par ce seul
Acte tous les maux qu'ils avoient faits à ces malheureux Indiens.

tandis qu'un Tyran y rassembloit avec tant de soin les ouvrages du Prince des Poëtes, tu chaffois de tes murs les Arts & les Artistes, les Sciences & les Savans.

L'événement marqua cette différence. Athénes devint le séjour de la politesse & du bon goût, le païs des Orateurs & des Philosophes. L'élégance des Bâtimens y répondoit à celle du langage. On y voyoit de toutes parts le marbre & la toile animés par les mains des Maîtres les plus habiles. C'est d'Athénes que font fortis ces ouvrages furprenans qui ferviront de modéles dans tous les âges corrompus. Le Tableau de Lacedemone est moins brillant. *Là*, difoient les autres Peuples, *les hommes naiffent vertueux, & l'air même du Païs femble infpirer la vertu.* Il ne nous refte de fes Habitans que la mémoire de leurs actions hé-

roïques. De tels monumens vau-
droient-ils moins pour nous que les
marbres curieux qu'Athenes nous a
laiffés ?

Quelques fages, il eft vrai, ont re-
fifté au torrent général & fe font garan-
tis du vice dans le féjour des Mufes.
Mais qu'on écoute le jugement que le
prémier & le plus malheureux d'entre
eux portoit des Savans & des Artiftes
de fon tems.

» J'ai examiné, dit-il, les Poëtes,
» & je les regarde comme des gens
» dont le talent en impofe à eux-mê-
» me & aux autres, qui fe donnent
» pour fages, qu'on prend pour tels &
» qui ne font rien moins.

» Des Poëtes, continue Socrate,
» j'ai paffé aux Artiftes. Perfonne n'i-
» gnoroit plus les Arts que moi ; per-
» fonne n'étoit plus convaincu que les
» Artiftes poffédoient de fort beaux

» secrets. Cependant, je me suis ap-
» perçu que leur condition n'est pas
» meilleure que celle des Poëtes &
» qu'ils sont, les uns & les autres, dans
» le même préjugé. Parce que les plus
» habiles d'entre eux excellent dans
» leur Partie, ils se regardent comme
» les plus sages des hommes. Cette
» présomption a terni tout-à-fait leur sa-
» voir à mes yeux : De sorte que me
» mettant à la place de l'Oracle & me
» demandant ce que j'aimerois le mieux
» être, ce que je suis ou ce qu'ils sont,
» savoir ce qu'ils ont appris ou savoir
» que je ne sais rien ; j'ai répondu à
» moi-même & au Dieu : Je veux res-
» ter ce que je suis.

   » Nous ne savons, ni les Sophistes,
» ni les Poëtes, ni les Orateurs, ni les
» Artistes ni moi, ce que c'est que le
» vrai, le bon & le beau : Mais il y a en-
» tre nous cette différence, que ,

» quoique ces gens ne fachent rien ;
» tous croyent favoir quelque chofe :
» Au lieu que moi, fi je ne fais rien,
» au moins je n'en fuis pas en doute.
» De forte que toute cette fuperiorité
» de fageffe qui m'eft accordée par
» l'Oracle, fe reduit feulement à être
» bien convaincu que j'ignore ce que je
» ne fais pas.

Voilà donc le plus Sage des hommes au Jugement des Dieux, & le plus favant des Atheniens au fentiment de la Gréce entiére, Socrate faifant l'Eloge de l'ignorance ! Croit-on que s'il reffufcitoit parmi nous, nos Savans & nos Artiftes lui feroient changer d'avis ? Non, Meffieurs, cet homme jufte continueroit de méprifer nos vaines Sciences ; il n'aideroit point à groffir cette foule de livres dont on nous inonde de toutes parts, & ne laifferoit, comme il a fait, pour tout precepte à

ſes diſciples & à nos Neveux, que
l'exemple & la mémoire de ſa vertu.
C'eſt ainſi qu'il eſt beau d'inſtruire les
hommes !

Socrate avoit commencé dans Athénes, le vieux Caton continua dans Rome de ſe déchaîner contre ces Grecs
artificieux & ſubtils qui ſéduiſoient la
vertu & amoliſſoient le courage de ſes
concitoyens : Mais les Sciences, les
Arts & la dialectique prévalurent encore : Rome ſe remplit de Philoſophes &
d'Orateurs ; on négligea la diſcipline
militaire, on mépriſa l'agriculture, on
embraſſa des Sectes & l'on oublia la Patrie. Aux noms ſacrés de liberté, de
deſintéreſſement, d'obeiſſance aux
Loix, ſuccederent les noms d'Epicure,
de Zenon, d'Arceſilas. *Depuis que les
Sçavans ont commencé à paroître parmi
nous,* diſoient leurs propres Philoſophes, *les Gens de bien ſe ſont éclipſés.*

Jusqu'alors les Romains s'étoient contentés de pratiquer la vertu ; tout fut perdu quand ils commencerent à l'étudier.

O Fabricius ! qu'eut pensé votre grande âme, si pour votre malheur rappellé à la vie, vous eussiez vu la face pompeuse de cette Rome sauvée par votre bras & que votre nom respectable avoit plus illustrée que toutes ses conquêtes ? »Dieux ! eussiez-vous dit, que
» sont devenus ces toits de chaume
» & ces foyers rustiques qu'habitoient
» jadis la modération & la vertu ? Quel-
» le splendeur funeste a succedé à la
» simplicité Romaine ? Quel est ce
» langage étranger ? Quelles sont ces
» mœurs efféminées ? Que signifient ces
» statues, ces Tableaux, ces édifices ?
» Insensés, qu'avez-vous fait ! Vous
» les Maîtres des Nations, vous vous
» êtes rendus les esclaves des hommes

» frivoles que vous avez vaincus ? Ce
» font des Rhéteurs qui vous gouver-
» nent ? C'eſt pour enrichir des Ar-
» chitectes, des Peintres, des Statuai-
» res & des Hiſtrions, que vous avez
» arroſé de votre ſang la Gréce &
» l'Aſie ? Les dépouilles de Carthage
» ſont la proie d'un joüeur de flûte ?
» Romains, hâtez-vous de renverſer
» ces Amphithéâtres ; briſez ces mar-
» bres ; brûlez ces tableaux ; chaſſez
» ces eſclaves qui vous ſubjuguent, &
» dont les funeſtes arts vous corrom-
» pent. Que d'autres mains s'illuſtrent
» par de vains talens ; le ſeul talent di-
» gne de Rome, eſt celui de conqué-
» rir le monde & d'y faire régner la
» vertu. Quand Cyneas prit notre Sé-
» nat pour une Aſſemblée de Rois, il
» ne fut ébloüi ni par une pompe vai-
» ne, ni par une élégance recherchée.
» Il n'y entendit point cette éloquen-

» ce frivole, l'étude & le charme des
» hommes futiles. Que vit donc Cy-
» neas de si majestueux ? O Citoyens !
» Il vit un spectacle que ne donneront
» jamais vos richesses ni tous vos arts;
» le plus beau spectacle qui ait jamais
» paru sous le ciel, l'Assemblée de
» deux cens hommes vertueux, di-
» gnes de commander à Rome & de
» gouverner la terre ».

Mais franchissons la distance des
lieux & des tems, & voyons ce qui
s'est passé dans nos contrées & sous nos
yeux; ou plutôt, écartons des peintures odieuses qui blesseroient notre dé-
licatesse, & épargnons-nous la peine
de répéter les mêmes choses sous d'autres noms. Ce n'est point en vain que
j'évoquois les mânes de Fabricius; &
qu'ai-je fait dire à ce grand homme,
que je n'eusse pu mettre dans la bou-
che de Louis XII ou de Henri IV ?

Parmi nous, il est vrai, Socrate n'eût point bû la cigue; mais il eût bû dans une coupe encore plus amere, la raillerie insultante, & le mépris pire cent fois que la mort.

Voilà comment le luxe, la dissolution & l'esclavage ont été de tout tems le châtiment des efforts orgueilleux que nous avons faits pour sortir de l'heureuse ignorance où la sagesse éternelle nous avoit placés. Le voile épais dont elle a couvert toutes ses opérations, sembloit nous avertir assez qu'elle ne nous a point destinés à de vaines recherches. Mais est-il quelqu'une de ses leçons dont nous ayons sû profiter, ou que nous ayons négligée impunément ? Peuples, sachez donc une fois que la nature a voulu vous préserver de la science, comme une mere arrache une arme dangereuse des mains de son enfant ; que tous les secrets qu'elle vous cache font autant de maux dont elle vous garantit, & que la peine que vous trouvez à vous inftruire n'eft pas le moindre de fes bienfaits. Les hommes font pervers ; ils feroient pires encore, s'ils avoient eu le malheur de naître favans.

Que ces réflexions font humiliantes pour l'humanité ! que notre orgueil en doit être mortifié ! Quoi ! la probité feroit fille de l'ignorance ? La fcience & la vertu feroient incompatibles ? Quelles conféquences ne tireroit-on point de ces préjugés ? Mais pour concilier ces contrariétés apparentes, il ne faut qu'examiner de près la vanité & le néant de ces titres orgueilleux qui nous ébloüiffent, & que nous donnons fi gratuitement aux connoiffances humaines. Confidérons donc les Sciences & les Arts en eux-mêmes. Voyons ce qui doit réfulter de leur progrès ; & ne balançons plus à convenir de tous les points où nos raisonnemens se trouveront d'accord avec les inductions historiques.

## SECONDE PARTIE.

C'Etoit une ancienne tradition passée de l'Egypte en Gréce, qu'un Dieu ennemi du repos des hommes, étoit l'inventeur des sciences *. Quelle opinion falloit-il donc qu'eussent d'elles les Egyptiens mêmes, chez qui elles étoient nées ? C'est qu'ils voyoient de près les sources qui les avoient pro-

---

* On voit aisément l'allégorie de la fable de Prométhée; & il ne paroît pas que les Grecs qui l'ont éloüé sur le Caucase, en pensassent gueres plus favorablement que les Egyptiens de leur Dieu Teuthus. „ Le satyre, dit une ancienne fable, voulut baiser & „ embrasser le feu, la premiere fois qu'il le vit ; mais „ Prometheus lui cria : Satyre, tu pleureras la barbe „ de ton menton, car il brûle quand on y touche „. C'est le sujet du frontispice.

duites. En effet, soit qu'on feuillette les annales du monde, soit qu'on supplée à des chroniques incertaines par des recherches philosophiques, on ne trouvera pas aux connoissances humaines une origine qui réponde à l'idée qu'on aime à s'en former. L'Astronomie est née de la superstition ; l'Éloquence, de l'ambition, de la haine, de la flatterie, du mensonge ; la Géométrie, de l'avarice ; la Physique, d'une vaine curiosité ; toutes, & la Morale même, de l'orgueil humain. Les Sciences & les Arts doivent donc leur naissance à nos vices : nous serions moins en doute sur leurs avantages, s'ils la devoient à nos vertus.

Le défaut de leur origine ne nous est que trop retracé dans leurs objets. Que ferions-nous des Arts, sans le luxe qui les nourrit ? Sans les injustices des hommes, à quoi serviroit la Juris-

Jurifprudence? Que deviendroit l'Hiſtoire, s'il n'y avoit ni Tyrans, ni Guerres, ni Conſpirateurs? Qui voudroit en un mot paſſer ſa vie à de ſtériles contemplations, ſi chacun ne conſultant que les devoirs de l'homme & les beſoins de la nature, n'avoit de tems que pour la Patrie, pour les malheureux & pour ſes amis? Sommes-nous donc faits pour mourir attachés ſur les bords du puits où la vérité s'eſt retirée? Cette ſeule réflexion devroit rebuter dès les premiers pas tout homme qui chercheroit ſérieuſement à s'inſtruire par l'étude de la Philoſophie.

Que de dangers! que de fauſſes routes dans l'inveſtigation des Sciences? Par combien d'erreurs, mille fois plus dangereuſes que la vérité n'eſt utile, ne faut-il point paſſer pour arriver à elle? Le déſavantage eſt viſible; car le faux eſt ſuſceptible d'une infinité de

C

combinaifons ; mais la vérité n'a qu'une maniére d'être. Qui eft-ce d'ailleurs, qui la cherche bien fincérement ? même avec la meilleure volonté, à quelles marques eft-on fûr de la reconnoître ? Dans cette foule de fentimens différens , quel fera notre *Criterium* pour en bien juger *? Et ce qui eft le plus difficile , fi par bonheur nous la trouvons à la fin , qui de nous en faura faire un bon ufage ?

Si nos fciences font vaines dans l'objet qu'elles fe propofent , elles font encore plus dangereufes par les effets qu'elles produifent. Nées dans l'oifiveté, elles la nourriffent à leur tour; & la perte irréparable du tems, eft le

---

* Moins on fait, plus on croit favoir. Les Péripatéticiens doutoient-ils de rien ! Defcartes n'a-t'il pas conftruit l'Univers avec des cubes & des tourbillons ? Et y a-t-il aujourd'hui même, en Europe fi mince Phificien, qui n'explique hardiment ce profond myftére de l'électricité, qui fera peut-être à jamais le défefpoir des vrais Philofophes ?

premier préjudice qu'elles caufent né-
ceffairement à la fociété. En politique,
comme en morale, c'eft un grand mal
que de ne point faire de bien ; & tout
citoyen inutile peut être regardé comme un homme pernicieux. Répondez-
moi donc, Philofophes illuftres ; vous
par qui nous favons en quelles raifons
les corps s'attirent dans le vuide ; quels
font, dans les révolutions des planet-
tes, les rapports des aires parcourues
en tems égaux ; quel courbes ont des
points conjugués , des points d'inflé-
xion & de rebrouffement ; comment
l'homme voit tout en Dieu ; comment
l'ame & le corps fe correfpondent fans
communication, ainfi que feroient deux
horlorges ; quels aftres peuvent être
habités ; quels infectes fe reproduifent
d'une maniere extraordinaire ? Répon-
dez-moi , dis-je , vous de qui nous
avons reçu tant de fublimes connoif-

C ij

fances; quand vous ne nous auriez jamais rien appris de ces chofes, en ferions-nous moins nombreux, moins bien gouvernés, moins redoutables, moins floriffans ou plus pervers? Revenez donc fur l'importance de vos productions; & fi les travaux des plus éclairés de nos favans & de nos meilleurs Citoyens nous procurent fi peu d'utilité, dites-nous ce que nous devons penfer de cette foule d'Ecrivains obfcurs & de Lettrés oififs, qui dévorent en pure perte la fubftance de l'Etat.

Que dis-je; oififs? & plût-à-Dieu qu'ils le fuffent en effet! Les mœurs en feroient plus faines & la fociété plus paifible. Mais ces vains & futiles déclamateurs vont de tous côtés, armés de leurs funeftes paradoxes; fapant les fondemens de la foi, & anéantiffant la vertu. Ils fourient dédaigneufement à ces vieux mots de Patrie & de Religion, & confacrent leurs talens & leur Philofophie à détruire & avilir tout ce qu'il y a de facré parmi les hommes. Non qu'au fond ils haïffent ni la vertu ni nos dogmes; c'eft de l'opinion publique qu'ils font ennemis; & pour les ramener aux pieds des autels, il fuffiroit de les releguer parmi les Athées. O fureur de fe diftinguer, que ne pouvez-vous point ?

C'eft un grand mal que l'abus du tems. D'autres maux pires encore fuivent les Lettres & les Arts. Tel eft le luxe, né comme eux de l'oifiveté & de la vanité des hommes. Le luxe va rarement fans les fciences & les arts, & jamais ils ne vont fans lui. Je fai que notre Philofophie, toujours féconde en maximes finguliéres, prétend, contre l'expérience de tous les fiécles, que le luxe fait la fplendeur des Etats ; mais après avoir oublié la nécessité des loix somptuaires, osera-t-elle nier encore que les bonnes mœurs ne soient essentielles à la durée des Empires, & que le luxe ne soit diamétralement opposé aux bonnes mœurs ? Que le luxe soit un signe certain des richesses ; qu'il serve même si l'on veut à les multiplier : Que faudra-t-il conclure de ce paradoxe si digne d'être né de nos jours ; & que deviendra la vertu, quand il faudra s'enrichir à quelque prix que ce soit ? Les anciens Politiques parloient sans cesse de mœurs & de vertu ; les nôtres ne parlent que de commerce & d'argent. L'un vous dira qu'un homme vaut en telle contrée la somme qu'on le vendroit à Alger ; un autre en suivant ce calcul trouvera des pays où un homme ne vaut rien, & d'autres où il vaut moins que rien. Ils évaluent les hommes comme des troupeaux de bétail. Selon eux, un

homme ne vaut à l'Etat que la con-
fommation qu'il y fait. Ainfi un Syba-
rite auroit bien valu trente Lacédé-
moniens. Qu'on devine donc laquelle
de ces deux Républiques, de Sparte
ou de Sybaris, fut fubjuguée par une
poignée de payfans, & laquelle fit
trembler l'Afie.

La Monarchie de Cyrus a été con-
quife avec trente mille hommes par un
Prince plus pauvre que le moindre des
Satrapes de Perfe; & les Scithes, le
plus miférable de tous les Peuples, a
réfifté aux plus puiffans Monarques de
l'Univers. Deux fameufes Républiques
fe difputérent l'Empire du Monde ;
l'une étoit très-riche, l'autre n'avoit
rien, & ce fut celle-ci qui détruifit l'autre. L'Empire Romain à fon tour, après
avoir englouti toutes les richeffes de
l'Univers fut la proye de gens qui ne
favoient pas même ce que c'étoit que

C iiij

richeſſe. Les Francs conquirent les Gaules, les Saxons l'Angleterre ſans autres treſors que leur bravoure & leur pauvreté. Une troupe de pauvres Montagnards dont toute l'avidité ſe bornoit à quelques peaux de moutons, après avoir dompté la fierté Autrichienne, écraſa cette opulente & redoutable Maiſon de Bourgogne qui faiſoit trembler les Potentats de l'Europe. Enfin toute la puiſſance & toute la ſageſſe de l'héritier de Charles-quint, ſoutenuës de tous les tréſors des Indes, vinrent ſe briſer contre une poignée de pécheurs de harang. Que nos politiques daignent ſuſpendre leurs calculs pour refléchir à ces exemples, & qu'ils apprennent une fois qu'on a de tout avec de l'argent, hormis des mœurs & des Citoyens.

Dequoi s'agit-il donc préciſément dans cette queſtion du luxe. De ſavoir lequel importe le plus aux Empires

d'être brillans & momentanés, ou vertueux & durables. Je dis brillans, mais
de quel éclat ? Le goût du faste ne
s'affocie guéres dans les mêmes ames
avec celui de l'honnête. Non, il n'eft
pas poffible que des Efprits dégradés
par une multitude de foins futiles s'élé-
vent jamais à rien de grand ; & quand
ils en auroient la force, le courage leur
manqueroit.

Tout Artifte veut être applaudi. Les
éloges de fes contemporains font la
partie la plus précieufe de fa récom-
penfe. Que fera-t-il donc pour les obtenir, s'il a le malheur d'être né chez
un Peuple & dans des tems où les Savans devenus à la mode ont mis une
jeuneffe frivole en état de donner le
ton ; où les hommes ont facrifié leur
goût aux Tyrans de leur liberté * ; où

---

* Je fuis bien éloigné de penfer que cet afcendant des
femmes foit un mal en foi. C'eft un préfent que leur

l'un des féxes n'ofant approuver que ce
qui eft proportionné à la pufillanimité
de l'autre, on laiffe tomber des chefs
d'œuvres de Poëfie dramatique, & des
prodiges d'harmonie font rebutés ? Ce
qu'il fera, Meffieurs ? Il rabaiffera fon
genie au niveau de fon fiécle, & aimera
mieux compofer des ouvrages communs qu'on admire pendant fa vie, que
des merveilles qu'on n'admireroit que
longtems après fa mort. Dites-nous,
célébre Aroüet, combien vous avez
facrifié de beautés males & fortes à nô-

n fait la nature pour le bonheur du Genre-humain :
mieux dirigé, il pourroit produire autant de bien qu'il
fait de mal aujourd'hui. On ne fent point affés quels
avantages naitroient dans la focieté d'une meilleure
éducation donnée à cette moitié du Genre-humain
qui gouverne l'autre. Les hommes feront toûjours
ce qu'il plaira aux femmes : fi vous voulez donc qu'ils
deviennent grands & vertueux, apprenez aux femmes
ce que c'eft que grandeur d'âme & vertu. Les re-
flexions que ce fujet fournit, & que Platon a faites
autrefois, mériteroient fort d'être mieux develop-
pées par une plume digne d'écrire d'après un tel maître & de défendre une fi grande caufe.

tre fauſſe délicateſſe , & combien l'eſprit de la galanterie ſi fertile en petites
choſes vous en a coûté de grandes.

C'eſt ainſi que la diſſolution des
mœurs, ſuite neceſſaire du luxe , en-
traîne à ſon tour la corruption du goût.
Que ſi par hazard entre les hommes
extraordinaires par leurs talents , il s'en
trouve quelqu'un qui ait de la fermeté
dans l'âme & qui refuſe de ſe prêter au
genie de ſon ſiécle & de s'avilir par des
productions pueriles , malheur à lui ! Il
mourra dans l'indigence & dans l'oubli.
Que n'eſt-ce ici un prognoſtic que je
fais & non une expérience que je rapporte ! Carle, Pierre; le moment eſt venu
où ce pinceau deſtiné à augmenter la
majeſté de nos Temples par des images
ſublimes & ſaintes , tombera de vos
mains, ou ſera proſtitué à orner de
peintures laſcives les paneaux d'un vis-
à-vis. Et toi, rival des Praxiteles & des

Phidias ; toi dont les anciens auroient employé le ciseau à leur faire des Dieux capables d'excuser à nos yeux leur idolatrie ; inimitable Pigal, ta main se refoudra à ravaller le ventre d'un magot, ou il faudra qu'elle demeure oisive.

On ne peut réfléchir sur les mœurs, qu'on ne se plaise à se rappeller l'image de la simplicité des premiers tems. C'est un beau rivage, paré des seules mains de la nature, vers lequel on tourne incessamment les yeux, & dont on se sent éloigner à regret. Quand les hommes innocens & vertueux aimoient à avoir les Dieux pour témoins de leurs actions, ils habitoient ensemble sous les mêmes cabanes ; mais bien-tôt devenus méchans, ils se lasserent de ces incommodes spectateurs & les releguerent dans des Temples magnifiques. Ils les en chasserent enfin pour s'y établir eux-mêmes, ou du moins

les Temples des Dieux ne ſe diſtin-
guérent plus des maiſons des citoyens.
Ce fut alors le comble de la dépravation ; & les vices ne furent jamais pouſ-
ſés plus loin que quand on les vit, pour
ainſi dire, ſoutenus à l'entrée des Palais
des Grands ſur des colonnes de marbres, & gravés ſur des chapiteaux Co-
rinthiens.

Tandis que les commodités de la
vie ſe multiplient, que les arts ſe per-
fectionnent & que le luxe s'étend ; le
vrai courage s'énerve, les vertus militai-
res s'évanouiſſent, & c'eſt encore l'ouvrage des ſciences & de tous ces arts
qui s'exercent dans l'ombre du cabinet.
Quand les Gots ravagèrent la Gréce,
toutes les Bibliothéques ne furent ſau-
vées du feu que par cette opinion ſe-
mée par l'un d'entre eux, qu'il falloit laiſſer aux ennemis des meubles ſi
propres à les détourner de l'exercice

militaire & à les amufer à des occupations oifives & fédentaires. Charles VIII. fe vit maître de la Tofcane & du Royaume de Naples fans avoir prefque tiré l'épée; & toute fa Cour attribua cette facilité inefpérée à ce que les Princes & la Nobleffe d'Italie s'amufoient plus à fe rendre ingénieux & favans, qu'ils ne s'exerçoient à devenir vigoureux & guerriers. En effet, dit l'homme de fens qui rapporte ces deux traits, tous les exemples nous apprennent qu'en cette martiale police & en toutes celles qui lui font femblables, l'étude des fciences eft bien plus propre à amollir & efféminer les courages, qu'à les affermir & les animer.

Les Romains ont avoué que la vertu militaire s'étoit éteinte parmi eux, à mefure qu'ils avoient commencé à fe connoître en Tableaux, en Gravures, en vafes d'Orphéverie, & à cultiver les

beaux arts ; & comme fi cette contrée
fameufe étoit deftinée à fervir fans ceffe
d'exemple aux autres peuples, l'élévation des Médicis & le rétabliffement
des Lettres ont fait tomber derechef &
peut être pour toûjours cette réputation guerriére que l'Italie fembloit
avoir recouvrée il y a quelques fiécles.

Les anciennes Républiques de la
Gréce avec cette fageffe qui brilloit
dans la plûpart de leurs inftitutions
avoient interdit à leurs Citoyens tous
ces métiers tranquilles & fédentaires
qui en affaiffant & corrompant le corps,
énervent fi-tôt la vigueur de l'âme. De
quel œil, en effet, penfe-t-on que puif-
fent envifager la faim, la foif, les fati-
gues, les dangers & la mort, des hommes que le moindre befoin accable, &
que la moindre peine rebutte. Avec
quel courage les foldats fupporteront-
ils des travaux exceffifs dont ils n'ont

aucune habitude ? Avec quelle ardeur feront-ils des marches forcées sous des Officiers qui n'ont pas même la force de voyager à cheval ? Qu'on ne m'objecte point la valeur renommée de tous ces modernes guerriers si savamment disciplinés. On me vante bien leur bravoure en un jour de bataille, mais on ne me dit point comment ils supportent l'excès du travail, comment ils resistent à la rigueur des saisons & aux intempéries de l'air. Il ne faut qu'un peu de soleil ou de neige, il ne faut que la privation de quelques superfluités pour fondre & détruire en peu de jours la meilleure de nos armées. Guerriers intrépides, souffrez une fois la vérité qu'il vous est si rare d'entendre ; vous êtes braves, je le sais ; vous eussiez triomphé avec Annibal à Cannes & à Trasiméne;Cesar avec vous eut passé le Rubicon & asservi son païs; mais ce n'est
point

point avec vous que le premier eût traversé les Alpes, & que l'autre eût vaincu vos ayeux.

Les combats ne font pas toujours le fuccès de la guerre, & il eft pour les Généraux un art fupérieur à celui de gagner des batailles. Tel court au feu avec intrépidité, qui ne laiffe pas d'être un très-mauvais officier : dans le foldat même, un peu plus de force & de vigueur feroit peut-être plus néceffaire que tant de bravoure qui ne le garantit pas de la mort ; & qu'importe à l'Etat que fes troupes périffent par la fiévre & le froid, ou par le fer de l'ennemi.

Si la culture des fciences eft nuifible aux qualités guerriéres, elle l'eft encore plus aux qualités morales. C'eft dès nos premieres années qu'une éducation infenfée orne notre efprit & corrompt notre jugement. Je vois de toutes parts des établiffemens immenfes, où l'on éleve à grands frais la jeuneffe pour lui apprendre toutes chofes, excepté fes devoirs. Vos enfans ignoreront leur propre langue, mais ils en parleront d'autres qui ne font en ufage nulle part : ils fauront compofer des Vers qu'à peine ils pourront comprendre : fans favoir démêler l'erreur de la vérité, ils poféderont l'art de les rendre méconnoiffables aux autres par des argumens fpécieux : mais ces mots de magnanimité, d'équité, de tempérance, d'humanité, de courage, ils ne fauront ce que c'eft; ce doux nom de Patrie ne frapera jamais leur oreille; & s'ils entendent parler de Dieu, ce fera moins pour le craindre que pour en avoir peur*. J'aimerois autant, difoit un Sage, que mon écolier eût paffé le tems dans un Jeu de Paume, au moins le corps en feroit plus difpos. Je fais

* Penf. Philofoph.

qu'il faut occuper les enfans, & que l'oisiveté est pour eux le danger le plus à craindre. Que faut-il donc qu'ils apprennent ? Voilà certes une belle question ! Qu'ils apprennent ce qu'ils doivent faire étant hommes *; & non ce qu'ils doivent oublier.

* Telle étoit l'éducation des Spartiates, au rapport du plus grand de leurs Rois. C'est, dit Montagne, chose digne de très-grande considération, qu'en cette excellente police de Lycurgus, & à la vérité monstrueuse par sa perfection, si soigneuse pourtant de la nourriture des enfans, comme de sa principale charge, & au gite même des Muses, il s'y fasse si peu mention de la doctrine : comme si cette généreuse jeunesse dédaignant tout autre joug, on ait dû lui fournir, au lieu de nos Maîtres de science, seulement des Maîtres de vaillance, prudence, & justice. Voyons maintenant comment le même Auteur parle des anciens Perses. Platon, dit-il, raconte que le fils aîné de leur succession Royale étoit ainsi nourri. Après sa naissance, on le donnoit, non à des femmes, mais à des Eunuques de la première autorité près du Roi, à cause de leur vertu. Ceux-ci prenoient charge de lui rendre le corps beau & sain, & après sept ans le duisoient à monter à cheval & aller à la chasse. Quand il étoit arrivé au quatorsième, ils le déposoient entre les mains de quatre : le plus sage, le plus juste, le plus tempérant, le plus vaillant de la Nation. Le premier lui apprenoit la Religion : le second à être

# DISCOURS.

Nos jardins font ornés de ftatuës & nos Galeries de tableaux. Que penfe- riez-vous que repréfentent ces chefs- d'œuvres de l'art expofés à l'admira- tion publique ? Les défenfeurs de la Patrie ? ou ces hommes plus grands en- core qui l'ont enrichie par leurs vertus ? Non. Ce font des images de tous les égaremens du cœur & de la raifon, ti- rées foigneufement de l'ancienne My-

toûjours véritable, le tiers à vaincre fes cupidités, le quart à ne rien craindre. Tous, ajoûterai-je, à le ren- dre bon, aucun à le rendre favant.

Aliyage, en Xénophon, demande à Cyrus compte de fa derniére Leçon : C'eft, dit-il, qu'en notre école un grand garçon ayant un petit faye le donna à l'un de fes compagnons de plus petite taille, & lui ôta fon faye qui étoit plus grand. Notre Précepteur m'ayant fait juge de ce différent, je jugeai qu'il falloit laiffer les chofes en cet état, & que l'un & l'autre fembloit être mieux accommodé en ce point. Surquoi il me remontra que j'avois mal fait : car je m'étois arrêté à confidérer la bienféance ; & il falloit premierement avoir pourvû à la juftice, qui vouloit que nul ne fut forcé en ce qui lui appartenoit. Et dit qu'il en fut puni, comme on nous punit en nos villages pour avoir ou- blié le premier aorifte de τύπτω. Mon Régent me feroit une belle harangue, *in genere demonftrativo*, avant qu'il me perfuadât que fon école vaut celle-là.

thologie, & préfentées de bonne heure à la curiofité de nos enfans ; fans doute afin qu'ils ayent fous leurs yeux des modéles de mauvaifes actions , avant même que de favoir lire.

D'où naiffent tous ces abus, fi ce n'eft de l'inégalité funefte introduite entre les hommes par la diftinction des talens & par l'aviliffement des vertus ? Voilà l'effet le plus évident de toutes nos études, & la plus dangereufe de toutes leurs conféquences. On ne demande plus d'un homme s'il a de la probité, mais s'il a des talens; ni d'un Livre s'il eft utile, mais s'il eft bien écrit. Les récompenfes font prodiguées au bel efprit, & la vertu refte fans honneurs. Il y a mille prix pour les beaux difcours, aucun pour les belles actions. Qu'on me dife, cependant, fi la gloire attachée au meilleur des difcours qui feront couronnés dans cette Acadé-

# DISCOURS,

mie , eſt comparable au mérite d'en
avoir fondé le prix ?

Le ſage ne court point après la fortune ; mais il n'eſt pas inſenſible à la
gloire ; & quand il la voit ſi mal diſtribuée , ſa vertu , qu'un peu d'émulation
auroit animée & rendu avantageuſe à la
ſociété , tombe en langueur , & s'éteint
dans la miſére & dans l'oubli. Voilà ce
qu'à la longue doit produire par-tout la
préférence des talens agréables ſur les
talens utiles , & ce que l'expérience n'a
que trop confirmé depuis le renouvellement des ſciences & des arts. Nous
avons des Phyſiciens, des Géometres,
des Chymiſtes, des Aſtronomes, des
Poëtes, des Muſiciens , des Peintres ;
nous n'avons plus de citoyens ; ou
s'il nous en reſte encore , diſperſés
dans nos campagnes abandonnées, ils
y périſſent indigens & mépriſés. Tel
eſt l'état où ſont réduits, tels ſont les

sentimens qu'obtiennent de nous ceux qui nous donnent du pain, & qui donnent du lait à nos enfans.

Je l'avoue, cependant; le mal n'est pas aussi grand qu'il auroit pû le devenir. La prévoyance éternelle, en plaçant à côté de diverses plantes nuisibles des simples salutaires, & dans la substance de plusieurs animaux malfaisans le remede à leurs blessures, a enseigné aux Souverains qui sont ses ministres à imiter sa sagesse. C'est à son exemple que du sein même des sciences & des arts, sources de mille dérèglemens, ce grand Monarque dont la gloire ne fera qu'acquérir d'âge en âge un nouvel éclat, tira ces sociétés célébres chargées à la fois du dangereux dépôt des connoissances humaines, & du dépôt sacré des mœurs, par l'attention qu'elles ont d'en maintenir chez elles toute la pureté, &

D iiij

de l'exiger dans les membres qu'elles reçoivent.

Ces fages inftitutions affermies par fon augufte fucceffeur, & imitées par tous les Rois de l'Europe, ferviront du moins de frein aux gens de lettres, qui tous afpirant à l'honneur d'être admis dans les Académies, veilleront fur eux-mêmes, & tâcheront de s'en rendre dignes par des ouvrages utiles & des mœurs irreprochables. Celles de ces Compagnies, qui pour les prix dont elles honorent le mérite littéraire feront un choix de fujets propres à ranimer l'amour de la vertu dans les cœurs des Citoyens, montreront que cet amour régne parmi elles, & donneront aux Peuples ce plaifir fi rare & fi doux de voir des focietés favantes fe dévoüer à verfer fur le Genre-humain, non-feulement des lumiéres agreables, mais auffi des inftructions falutaires.

Qu'on ne m'oppofe donc point une objection qui n'eft pour moi qu'une nouvelle preuve. Tant de foins ne montrent que trop la neceffité de les prendre, & l'on ne cherche point des remédes à des maux qui n'exiftent pas. Pourquoi faut-il que ceux-ci portent encore par leur infuffifance le caractere des remédes ordinaires? Tant d'établiffemens faits à l'avantage des favans n'en font que plus capables d'en impofer fur les objets des fciences & de tourner les efprits à leur culture. Il femble, aux précautions qu'on prend, qu'on ait trop de Laboureurs & qu'on craigne de manquer de Philofophes. Je ne veux point hazarder ici une comparaifon de l'agriculture & de la philofophie : on ne la fupporteroit pas. Je demanderai feulement, qu'eft-ce que la Philofophie? Que contiennent les écrits des Philofophes les plus connus? Quelles font les

Leçons de ces amis de la fageffe ? A les entendre, ne les prendroit-on pas pour une troupe de charlatans criant, chacun de fon côté fur une place publique ; Venez-à-moi , c'eft moi feul qui ne trompe point ? L'un prétend qu'il n'y a point de corps & que tout eft en réprefentation. L'autre , qu'il n'y a d'autre fubftance que la matiere ni d'autre Dieu que le monde. Celui-ci avance qu'il n'y a ni vertus ni vices, & que le bien & le mal moral font des chiméres. Celui-là, que les hommes font des loups & peuvent fe devorer en fureté de confcience. O grands Philofophes ! que ne refervez-vous pour vos amis & pour vos enfans ces Leçons profitables; vous en recevriez bien-tôt le prix, & nous ne craindrions pas de trouver dans les nôtres quelqu'un de vos fectateurs.

Voilà donc les hommes merveilleux à qui l'eftime de leurs contemporains

a été prodiguée pendant leur vie, &
l'immortalité reſervée après leur tré-
pas ! Voila les ſages maximes que nous
avons reçeuës d'eux & que nous tranſ-
mettrons d'âge en âge à nos deſcendans.
Le Paganiſme, livré à tous les égaremens de la raiſon humaine a-t-il laiſſé à
la poſtérité rien qu'on puiſſe comparer
aux monumens honteux que lui a pré-
paré l'Imprimerie, ſous le régne de l'E-
vangile ? Les écrits impies des Leucip-
pes & des Diagoras ſon péris avec eux.
On n'avoit point encore inventé l'art
d'éterniſer les extravagances de l'eſprit
humain. Mais, grace aux caractéres
Typographiques * & à l'uſage que nous

* A conſiderer des deſordres affreux que l'Imprimerie a deja cauſés en Europe, à juger de l'avenir par
le progrès que le mal fait d'un jour à l'autre, on peut
prévoir aiſement que les ſouverains ne tarderont pas
à ſe donner autant de ſoins pour bannir cet art terrible
de leurs Etats, qu'ils en ont pris pour l'y établir. Le
ſultan Achmet cédant aux importunités de quelques
prétendus gens de goût avoit conſenti d'établir une
Imprimerie à Conſtantinople. Mais à peine la preſſe

en faifons, les dangereufes reveries des Hobbes & des Spinofas refteront à jamais. Allez, écrits célébres dont l'ignorance & la rufticité de nos Péres n'auroient point été capables ; accompagnez chez nos defcendans ces ouvrages plus dangereux encore d'où s'exhâle la corruption des mœurs de nôtre fiécle, & portez enfemble aux fiécles à venir une hiftoire fidelle du progrès & des avantages de nos fciences & de nos arts. S'ils vous lifent, vous ne leur laifferez aucune perplexité fur la queftion

fut-elle en train qu'on fut contraint de la détruire & d'en jetter les inftrumens dans un puits. On dit que le Calife Omar, confulté fur ce qu'il falloit faire de la bibliothéque d'Alexandrie, répondit en ces termes. Si les Livres de cette bibliothéque contiennent des chofes oppofées à l'Alcoran, ils font mauvais & il faut les bruler. S'ils ne contiennent que la doctrine de l'Alcoran, brulez-les encore : ils font fuperflus. Nos Savans ont cité ce raifonnement comme le comble de l'abfurdité. Cependant, fuppofez Grégoire le Grand à la place d'Omar & l'Évangile à la place de l'Alcoran, la Bibliotheque auroit encore été brulée, & ce feroit peut-être le plus beau trait de la vie de cet Illuftre Pontife.

que nous agitons aujourd'hui : & à
moins qu'ils ne soient plus insensés que
nous, ils léveront leurs mains au Ciel, &
diront dans l'amertume de leur cœur ;
« Dieu tout-puissant, toi qui tiens dans
» tes mains les Esprits, delivre-nous des
» Lumiéres & des funestes arts de nos
» Péres, & rends-nous l'ignorance, l'in-
» nocence & la pauvreté, les seuls biens
» qui puissent faire notre bonheur & qui
» soient précieux devant toi ».

Mais si le progrès des sciences & des
arts n'a rien ajoûté à nôtre véritable félicité ; s'il a corrompu nos mœurs, & si
la corruption des mœurs a porté attein-
te à la pureté du goût, que penserons-
nous de cette foule d'Auteurs élémen-
taires qui ont écarté du Temple des
Muses les difficultés qui défendoient
son abord,& que la nature y avoit répan-
dües comme une épreuve des forces de
ceux qui seroienr tentés de savoir ? Que
penserons - nous de ces Compilateurs

d'ouvrages qui ont indiscrettement brisé la porte des Sciences & introduit dans leur Sanctuaire une populace indigne d'en approcher ; tandis qu'il seroit à souhaiter que tous ceux qui ne pouvoient avancer loin dans la carriére des Lettres, eussent été rebuttés dès l'entrée, & se fussent jettés dans des Arts utiles à la societé. Tel qui sera toute sa vie un mauvais versificateur, un Geométre subalterne, seroit peut-être devenu un grand fabricateur d'étoffes. Il n'a point fallu de maitres à ceux que la nature destinoit à faire des disciples. Les Verulams, les Descartes & les Newtons, ces Precepteurs du Genre-humain n'en ont point eu eux-mêmes, & quels guides les eussent conduits jusqu'où leur vaste genie les a portés ? Des Maîtres ordinaires n'auroient pu que retrecir leur entendement en le resserrant dans l'étroite capacité du leur : C'est par les premiers obstacles qu'ils ont appris à

faire des efforts, & qu'ils se sont exercés
à franchir l'espace immense qu'ils ont
parcouru. S'il faut permettre à quelques
hommes de se livrer à l'étude des Sciences & des Arts, ce n'est qu'à ceux qui
se sentiront la force de marcher seuls
sur leurs traces, & de les devancer :
C'est à ce petit nombre qu'il appartient
d'élever des monumens à la gloire de
l'esprit humain. Mais si l'on veut que
rien ne soit au-dessus de leur genie, il
faut que rien ne soit au-dessus de leurs
esperances. Voilà l'unique encourage-
ment dont ils ont besoin. L'ame se pro-
portionne insensiblement aux objets qui
l'occupent, & ce sont les grandes oc-
casions qui font les grands hommes.
Le Prince de l'Eloquence fut Consul
de Rome, & le plus grand, peut-être,
des Philosophes, Chancelier d'Angleterre. Croit-on que si l'un n'eut occupé
qu'une chaire dans quelque Universi-
té, & que l'autre n'eut obtenu qu'une

modique penſion d'Académie ; croit-on, dis-je, que leurs ouvrages ne ſe ſentiroient pas de leur état ? Que les Rois ne dédaignent donc pas d'admettre dans leurs conſeils les gens les plus capables de les bien conſeiller : qu'ils renoncent à ce vieux préjugé inventé par l'orgueil des Grands, que l'art de conduire les Peuples eſt plus difficile que celui de les éclairer : comme s'il étoit plus aiſé d'engager les hommes à bien faire de leur bon gré, que de les y contraindre par la force. Que les ſavans du premier ordre trouvent dans leurs cours d'honorables aziles. Qu'ils y obtiennent la ſeule récompenſe digne d'eux ; celle de contribuer par leur crédit au bonheur des Peuples à qui ils auront enſeigné la ſageſſe. C'eſt alors ſeulement qu'on verra ce que peuvent la vertu, la ſcience & l'autorité animées d'une noble émulation & travaillant de concert à la félicité du Genre-humain.

Mais

Mais tant que la puiffance fera feule d'un côté ; les lumiéres & la fageffe feules d'un autre ; les favans penferont rarement de grandes chofes, les Princes en feront plus rarement de belles, & les Peuples continueront d'être vils, corrompus & malheureux.

Pour nous, hommes vulgaires, à qui le Ciel n'a point départi de fi grands talens & qu'il ne deftine pas à tant de gloire, reftons dans nôtre obfcurité. Ne courons point après une réputation qui nous échaperoit, & qui, dans l'état préfent des chofes ne nous rendroit jamais ce qu'elle nous auroit coûté, quand nous aurions tous les titres pour l'obtenir. A quoi bon chercher nôtre bonheur dans l'opinion d'autrui fi nous pouvons le trouver en nous-mêmes ? Laiffons à d'autres le foin d'inftruire les Peuples de leurs devoirs, & bornons-nous à bien remplir les nôtres, nous

E

n'avons pas besoin d'en savoir davantage.

O vertu ! Science sublime des ames simples, faut-il donc tant de peines & d'appareil pour te connoître ? Tes principes ne font-ils pas gravés dans tous les cœurs, & ne suffit-il pas pour apprendre tes Loix de rentrer en soi-même & d'écouter la voix de sa conscience dans le silence des passions ? Voilà la véritable Philosophie, sachons nous en contenter; & sans envier la gloire de ces hommes célébres qui s'immortalisent dans la République des Lettres, tâchons de mettre entre eux & nous cette distinction glorieuse qu'on remarquoit jadis entre deux grands Peuples; que l'un savoit bien dire, & l'autre, bien faire.

**F I N.**

* 9 7 8 2 0 1 3 3 6 6 3 0 4 *